So geht's:

Das Beispiel zeigt, wie du mit miniLÜK spielst. Die Übung findest du auf Seite 2 und 3.
Öffne das miniLÜK®-Kontrollgerät und lege den durchsichtigen Boden des Kontrollgerätes auf die untere Übungsseite deines miniLÜK-Heftes.

Nimm Plättchen 1. und sieh dir Aufgabe 1. an.
Hier siehst du ein Haus. Schau es dir genau an. Suche nun das gleiche Haus auf der unteren Seite.
Lege dann das Plättchen 1. mit der Ziffer nach oben auf das passende Haus auf der unteren Seite.

So spielst du weiter, bis alle 12 Plättchen auf dem durchsichtigen Teil des Kontrollgerätes liegen und keine Bilder mehr zu sehen sind.
Dann schließt du das Kontrollgerät und drehst es um. Wenn du das bei der Übung abgebildete Muster siehst, hast du alles richtig gemacht.

Passen einige Plättchen nicht in das Muster, löst du diese Übungen noch einmal.

Stimmt es jetzt?
Dann nun viel Spaß!

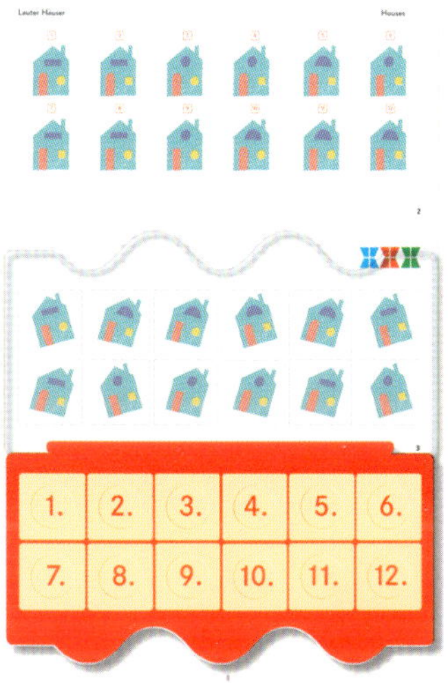

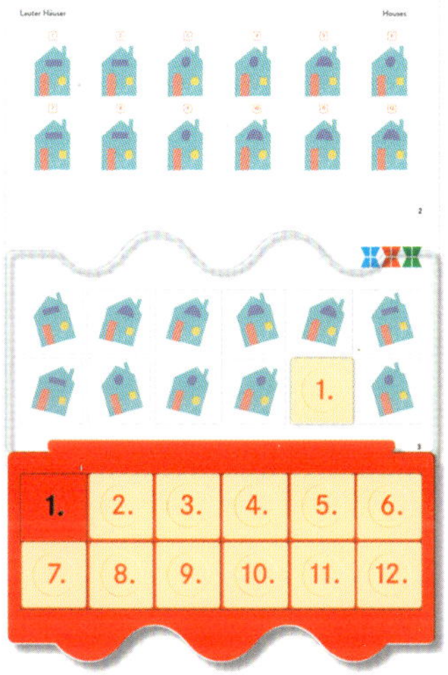

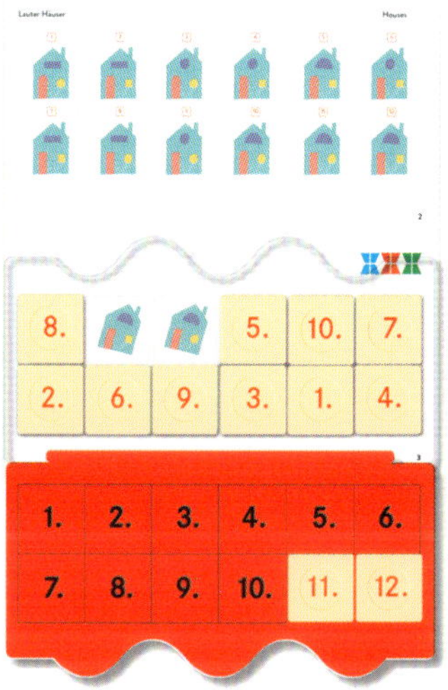

Lauter Häuser

Houses

Formen

Shapes

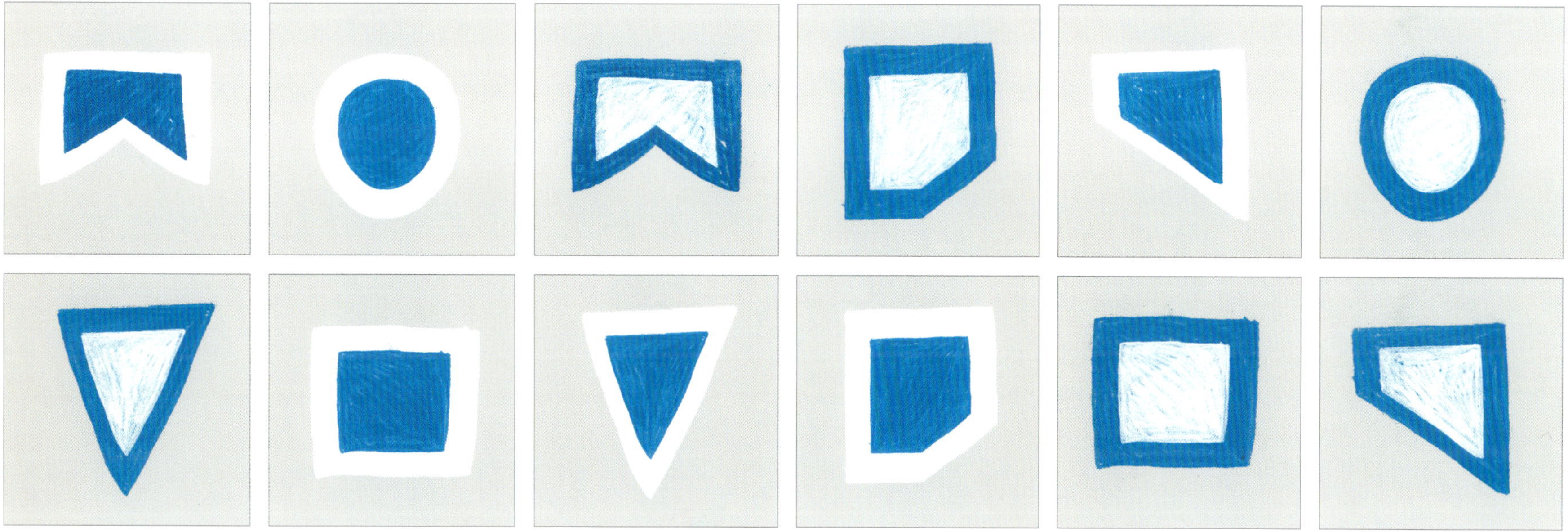

Kunterbunte Freunde

Colourful friends

Gebäude

Buildings

1

2

3

4

5

6

7

8

9

10

11

12

Hennen mit Küken

Hens and chicks

Linien

Lines

Pfeile

Arrows

1

2

3

4

5

6

7

8

9

10

11

12

Tierpuzzle

Animal puzzles

Fahrzeuge

Vehicles

1

2

3

4

5

6

7

8

9

10

11

12

Blumengarten

Flower garden

Fröhliche Tintenfische

Happy octopuses

Löwen-Puzzle

Lion puzzles

Formen

Shapes

Gespenster

Ghosts

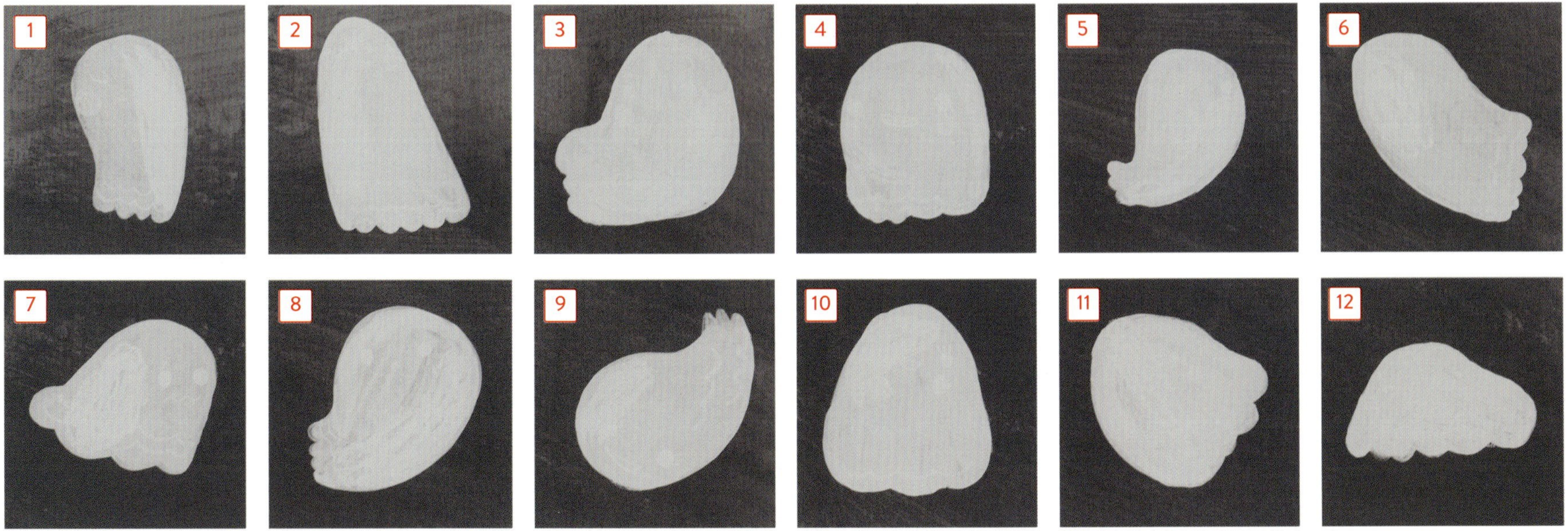